उंगलियों पर जिंदा मछली

डॉ. चंद्रेश कुमार छतलानी

यह पुस्तक समर्पित है

मेरी अर्धांगिनी और मेरी दोनों बेटियों को

जिनको देने वाले समय में से चुराकर मैं साहित्य को समय दे
पाता हूँ।

क्रम-सूची

प्रस्तावना

भृतहरी नीति शतकम का श्लोक 12 कुछ इस तरह है,

साहित्यसङ्गीतकलाविहीनः साक्षात्पशुः पुच्छविषाणहीनः ।

तृणं न खादन्नपि जीवमानस्तद्भागधेयं परमं पशूनाम् ॥

इस श्लोक का भावार्थ है कि साहित्य, संगीत और कला से विहीन मनुष्य बिना सिंग-पुंछ के पशु के समान है। यह बात सामान्य व्यक्तिओं पर भी लागू होती है और जब साहित्य का विषय राजाओं से लेकर आमजन के जीवन शैली से जुड़ा हुआ है तो स्वयं साहित्य को भी आम जीवन के साथ क्यों न जोड़ा जाए? गद्य में कहानी और उपन्यास साहित्यिक (क्लिष्ट) शब्दों की अधिकता के कारण उबाऊ हो सकते हैं लेकिन लघुकथा, जिसमें अधिक शब्दों कि गुंजाइश ही नहीं है, में साहित्यिक या क्लिष्ट शब्द लिखे होने के बावजूद भी पसंद की जा सकती है।

इस पुस्तक की कुछ लघुकथाएं भी सभी को पसंद आएंगी, इसी भावना के साथ...

उंगलियों पर जिंदा मछली

लघुकथा संग्रह

डॉ. चंद्रेश कुमार छतलानी

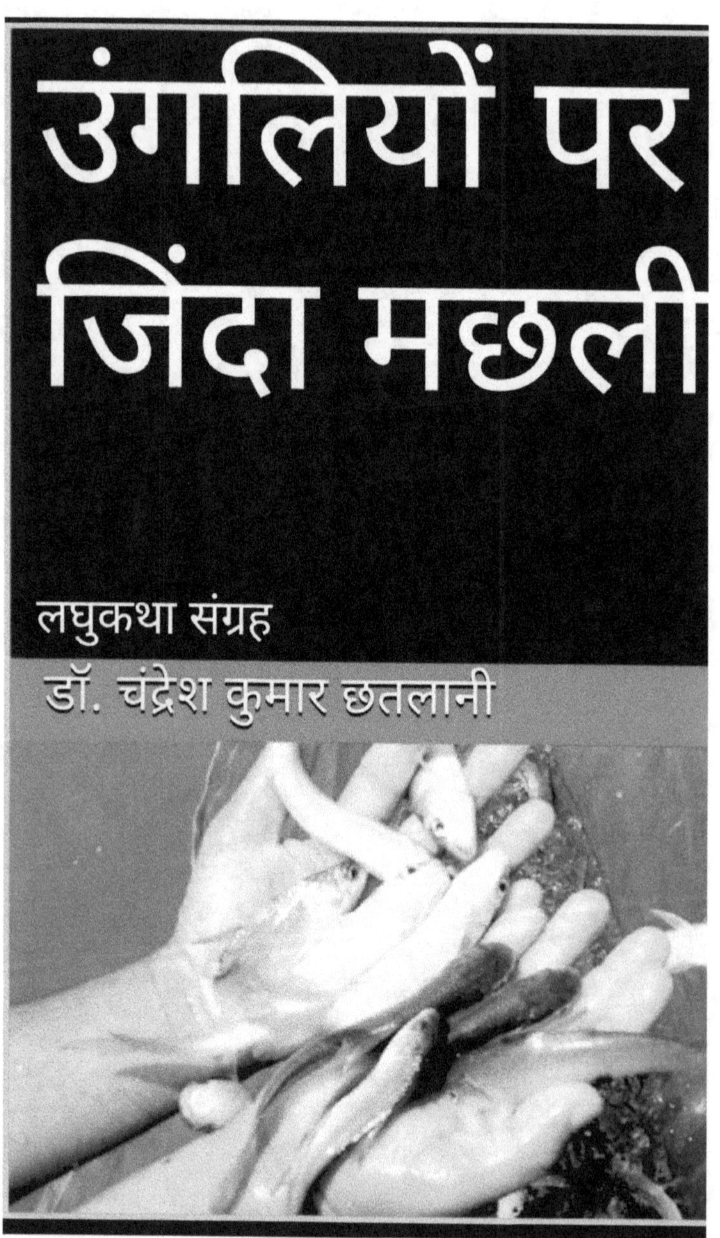

Enter Caption

1

बंद दरवाज़ा

सूर्य उगने के साथ ही उसकी चिंता भी बढती जा रही थी, रात को उसकी पत्नी ने उसकी पसंद का भोजन नहीं बनाया था तो गुस्से में उसने थाली फैंक दी, जिससे पिताजी नाराज़ होकर बाहर बने नौकर के कमरे में दरवाज़ा बंद कर बैठ गए। उसे पछतावा हो रहा था, रात में ही कितनी बार वो बाहर आया और उस कमरे के सामने जा कर पिताजी को देखने का प्रयास किया, लेकिन हर बार बंद दरवाज़ा देख अंदर लौट गया। पूरी रात ऐसे ही गुज़र गयी।

अब उससे रहा नहीं जा रहा था, वो कमरे की खिड़की पर गया और बेचैन हो कर कहा, "पापा...! बाहर आ जाइए।"

अंदर से कोई आवाज़ नहीं आई, वह और व्यग्र हो उठा।

उसने झाँक कर देखा, अंदर अँधेरा था, गौर से देखा तो उसे पिताजी पलंग पर बैठे हुए दिखाई दिये।

"अब इस उम्र में इतनी ज़िद! रात खाना भी नहीं खाया है आपने।" चिंतातुर स्वर में उसने कहा।

"...."

"पापा, रात में गुस्सा आ गया था, आपको भी तो आता है न?" अब उसकी आवाज़ में याचना थी।

"...."

"अब आप कुछ नहीं बोलोगे, तो मैं दरवाज़ा तोड़ दूंगा।" वो झुंझला गया।

"...."

उसकी चिंता बहुत बढ़ गयी थी, वो दरवाज़े के पास गया और अपनी पूरी शक्ति लगा कर उसे खोलने की कोशिश की।

लेकिन दरवाज़ा तो झटके से खुल गया, पिताजी ने बंद ही नहीं किया था। खुले दरवाजे से छन कर आती रोशनी में पिताजी की आँखों के ख़ुशी और गम के मिले-जुले आँसू चमक रहे थे।

2

स्वप्न को समर्पित

लेखक उसके हर रूप पर मोहित था, इसलिये प्रतिदिन उसका पीछा कर उस पर एक पुस्तक लिख रहा था। आज वह पुस्तक पूरी करने जा रहा था, उसने पहला पन्ना खोला, जिस पर लिखा था, "आज मैनें उसे कछुए के रूप में देखा, वह अपने खोल में घुस कर सो रहा था"

फिर उसने अगला पन्ना खोला, उस पर लिखा था, "आज वह सियार के रूप में था, एक के पीछे एक सभी आँखें बंद कर चिल्ला रहे थे"

और तीसरे पन्ने पर लिखा था, "आज वह ईश्वर था और उसे नींद में लग रहा था कि उसने किसी अवतार का सृजन कर दिया"

अगले पन्ने पर लिखा था, "आज वह एक भेड़ था, उसे रास्ते का ज्ञान नहीं था, उसने आँखें बंद कर रखीं थीं और उसे हांका जा रहा था"

उसके बाद के पन्ने पर लिखा था, "आज वह मीठे पेय की बोतल था, और उसके रक्त को पीने वाला वही था, जिसे वह स्वयं का सृजित अवतार समझता था, उसे भविष्य के स्वप्न में डुबो रखा था"

लेखक से आगे के पन्ने नहीं पढ़े गये, उसके प्रेम ने उसे और पन्ने पलटने से रोक लिया। उसने पहले पन्ने पर सबसे नीचे लिखा - 'अकर्मण्य', दूसरे पर लिखा - 'राजनीतिक नारेबाजी', तीसरे पर - 'चुनावी जीत', चौथे पर - 'शतरंज की मोहरें' और पांचवे पन्ने पर लिखा - 'महंगाई'।

फिर उसने किताब बंद की और उसका शीर्षक लिखा - 'मनुष्य'

• 3 •

3

रसीला फल

उस राज्य में सियासी सरगर्मी और बढ़ गयी, चुनावों के मौसम में दंगों के वृक्ष पर पलायन नामक एक फल लगा था। राजनीतिक दल 'अ' का प्रमुख सोच रहा था, इस वृक्ष को मैनें सींचा है, पानी दिया है इसलिये यह फल मेरे लोग खायेंगे, उसी तरह राजनीतिक दल 'ब' का प्रमुख भी सोच रहा था कि इस पेड़ का बीज हमने बोया है, इसलिये इस फल को खाने के अधिकारी मेरे लोग हैंj

दोनों दलों के लोग उस वृक्ष के पास पहुँच गये और अपने-अपने तरीके से उस फल को तोड़ने का प्रयास करने लगे। लेकिन एक दल के कार्यकर्ता उस फल को तोड़ने वृक्ष के ऊपर चढ़ते तो दूसरे दल के कार्यकर्ता शोर मचा कर उन्हें उतार देते और ऐसा ही दूसरे दल के साथ भी होता।

आखिर दोनों जनता की अदालत में चले गए, लेकिन उस अदालत के अनुसार दंगो का वृक्ष अवैध और अनैतिक था।

'अ' के प्रमुख ने रंग बदलते हुए अपनी पैरवी में कहा, "दंगों के पेड़ का बीज 'ब' ने बोया है, इसलिये 'ब' बुरा है।"

और 'ब' के प्रमुख ने भी समय को पहचान कर अपनी दलील में कहा, "दंगों के पेड़ को 'अ' ने सींचा है, अतः 'अ' बुरा है।"

उसी समय यह समाचार आया कि एक और जगह अकाल नाम का पेड़ अपने आप ही उग आया है और 'किसान-पलायन' नाम का एक फल उस पर भी लगा है।

दोनों दलों के प्रमुखों ने तब धीमे स्वर में अपने कार्यकर्ताओं से कहा, "उस राज्य में फ़िलहाल चुनाव का मौसम नहीं है, इसलिए वहां के फल में रस की सम्भावना नहीं।"

और बहस पुनः प्रारंभ हो गयी।

4

संस्कार

❧

"भैया जी, कुछ रुपये दे दो।" दस-बारह वर्षीय भिखारी लड़के ने अपना झोला संभाल कर गिड़गिड़ाते हुए चमचमाती यूनिफ़ॉर्म पहने लगभग अपनी ही उम्र के दूसरे लड़के के सामने थाली आगे की।

लेकिन उस लड़के ने आँखों में कठोरता लाते हुए अप्रत्याशित रूप से थाली के नीचे हाथ घुमा कर दे मारा। थाली में रखे सारे सिक्के और रुपये आसपास की ज़मीन पर बिखर गए और थाली उछल कर दूर जा गिरी।

भिखारी लड़का बुरी तरह चौंक गया। वह थाली के पास दौड़ता हुआ गया और थाली उठाने लगा। उसका हाथ थाली के पास पहुंचा ही था कि किसी ने थाली को ज़ोर से लात मारी। थाली फिर उछल कर दूर जा गिरी। उस भिखारी ने देखा कि लात मारने वाला पहले लड़के जैसी ही यूनिफ़ॉर्म पहने हुए दूसरा लड़का था।

वह फिर भाग कर थाली के पास पहुंचा, वहां लेकिन उन्हीं दोनों की तरह कपड़े पहने तीसरे लड़के ने थाली उठा ली। भिखारी उस लड़के को मुँह बाँये देखता रहा। उस लड़के ने मुस्कुराते हुए अपने दूसरे हाथ को आगे किया, उस हाथ में एक किताब थी। उसने किताब को भिखारी को थमाते हुए कहा, "आज से थाली नहीं इसे अपने हाथ में रखो।"

भिखारी अचंभित था, उसने किताब ली लेकिन साथ ही उस लड़के के हाथ से थाली भी छीन ली। फिर वह लड़खड़ाता हुआ पहले लड़के के पास पहुंचा। वहां ज़मीन पर गिरे सिक्कों और रुपयों को उठाया और उस किताब को पहले लड़के को थमाते हुए बोला, "इसको तुम पढ़ो... ये पढ़ी होती तो थाली और पैसों के साथ ऐसे नहीं करते।"

कहते हुए उसने झोला फिर सम्भाला। तीनों लड़कों ने देखा कि पारदर्शी झोले से कुछ किताबें उनकी तरफ झाँक रहीं थीं।

5

हलाल से पहले झटका

"दो दिन बीत चुके हैं, उस बकरे को निकाल लें – काटने को तो आपने मना किया है।" कसाई की दुकान पर काम कर रहे लड़के ने कसाई से पूछा तो कसाई हँस दिया और बोला, "बच्चे! बकरे तो ईद या समारोह के वक्त ही हलाल होते हैं, बाकी कटने वाले सब झटका देने के काम आते हैं। जा ले आ उसे।"

"दुकान पर बंधे हुए बकरे इतना सोच पाते तो हलाल होते ही क्यों?" लड़के ने भी हँसते हुए प्रत्युत्तर दिया।

वे दोनों उस वक्त के दुकान के सबसे तगड़े बकरे, जो बिक चुका था, के बारे में बात कर रहे थे। वह बकरा आते ही खुदको बाकी सभी बकरों के राहनुमा से कम नहीं समझता था। हालांकि उस बेचारे को क्या पता था कि जैसे रेगिस्तान में सूरज की तेज़ रोशनी में लंबे-चौड़े और छोटे-पतले हर तरह के इंसान हो या जानवर दूर से एक ही काली परछाई जैसे नज़र आते हैं वैसे ही ईद के रोज़ भी तगड़ा हो या कमज़ोर, हर बकरे को दूसरे बकरों के साथ कटना ही था। लेकिन बकरों को ऊंट के अनुभव होना तो मुमकिन नहीं।

वह नौजवान बकरा दूसरे बकरों पर रोब झाड़ने के लिए दुकान पर आने-जाने वालों को सिर से मारता था। एक-दो बार खरीददारों के हाथों से सामान भी गिरा चुका था। कसाई परेशान था लेकिन उसकी भी मजबूरी थी कि असामी उस बकरे के रुपये तो दे गया था लेकिन वह बकरों के बीच में ही खुश रहे और नई जगह पर अकेला महसूस न करे इसलिए उसे दुकान पर ही छोड़ गया था।

बकरे ने अपनी हरकतें दिन-ब-दिन बढ़ाते हुए दो दिनों पहले एक आदमी को ऐसा मारा कि उस आदमी की जांघ में चोट आ गयी। अब पानी कसाई के सिर से ऊपर तक निकल गया और वह बकरे को पकड़ कर घसीटता हुआ दुकान के अंदर

जहां बकरे कटते हैं, उस हिस्से में ले जाकर बांध दिया।

आज कसाई ने उस बकरे को खोला और बाहर सबके बीच लाकर बांध दिया। वह बकरा चुपचाप आया, बंधा और बिना प्रतिक्रिया दिए बैठ गया। बकरे की यह चुप्पी देख कसाई की दूकान पर काम करने वाला लड़का हैरत में था, जिसे भांपकर कसाई हँसते हुए बोला,

"हो गया ना शरीफ, आखिर पूरे दो दिन इसने अपने सामने अपने जैसे बकरों को कटते हुए देखा है।"

6

परिवर्धित परिवर्तन

उस दिन देश का वार्षिक बजट पेश हुआ था। भीड़ इकट्ठी थी। मैं भी अपने बेटे और बेटी के साथ भीड़ का हिस्सा बनने गया। तीन लोगों से ज़्यादा की अनुमति नहीं थी।

वहाँ पर एक व्यक्ति सहज स्वर में बोला, "महंगाई तो इस बार भी बढ़ी।"

यह सुनते ही दूसरा व्यक्ति ज़ोर से बोला, "इस बार देश के वित्त मंत्री द्वारा बजट में कई परम्पराओं को तोड़ा गया। नई बात यह हुई कि पहली बार कोई मंत्री बजट डॉक्युमेंट्स ब्रीफकेस की बजाय लाल कपड़े में किसी ग्रंथ की तरह लपेट कर लाये।"

तीसरे ने भी जोश में नारा लगाया, "सूटकेस खतम हो गया उसकी जगह लाल पोटली ने ले ली।"

चौथा भी चिल्लाते हुए बोला, "सूटकेस में बजट के दस्तावेज़ ले जाने की हमारे यहाँ परम्परा रही है - कभी लाल रंग का ब्रीफकेस तो कभी मरून रंग का। लेकिन इस बार मंत्री महोदय ने ब्रीफकेस वाली सालों पुरानी परम्परा तोड़ दी है।"

पांचवा शांत स्वर में बोला, "मंत्री महोदय पश्चिमी विचारों की गुलामी से बाहर निकलने का प्रतीक लाल रंग के कपड़े में बजट डॉक्युमेंट्स लाये।"

अधिकतर व्यक्ति आधी हिन्दी आधी अंग्रेज़ी में बोल रहे थे, जो मेरे बच्चों की समझ में आने के लिए पर्याप्त था। ये बातें सुनकर मेरे बेटे ने मुझसे पूछा, "डेड्डी सूटकेस और ब्रीफकेस में क्या फर्क होता है?"

उसे देख बेटी ने भी चुप्पी थोड़ी, "और ये लाल रंग के कपड़े की परम्परा नई है या पुरानी?"

उन दोनों को चुप रहने का इशारा कर मैं उस अँग्रेजी सूट वाले व्यक्ति को खोजने लगा, जिसने भीड़ का हिस्सा बनने पर 'कुछ' वादा किया था।

उन दोनों को चुप रहने का इशारा कर मैं उस अँग्रेजी सूट वाले व्यक्ति को खोजने लगा, जिसने भीड़ का हिस्सा बनने पर 'कुछ' वादा किया था।

7

नशा

बहुत देर सोचने के बाद उस लेखक ने लिखना प्रारम्भ किया ही था कि, एक आवाज़ आयी, "डैडी, मुझे आइसक्रीम खानी है।"

उसने आँख उठा कर देखा उसकी सात वर्षीय बेटी कब उसके पास आकर खड़ी हो गयी थी, उसे पता ही नहीं चला।

उसने अपनी बेटी को उत्तर दिया, "अभी नहीं, एक घंटे बाद चलते हैं।"

"लेकिन डैडी तब तक शॉप बंद हो जायेगी।" कह कर बेटी ने उसके गालों को चूम लिया।

उसने बेटी को दूर हटा कर रुक्ष स्वर में कहा,

"तो फिर आप अपनी माँ के साथ चली जाओ, अभी मैं कुछ लिख रहा हूँ।"

इतने में उसे रसोई में बर्तन साफ़ कर रही पत्नी की आवाज़ सुनाई दी, "ले जाओ ना! गुड़िया कितने दिनों से आइसक्रीम खाना चाह रही है, और आप लेकर ही नहीं जा रहे।"

"अरे...! रात को ही तो थोड़ा वक़्त मिलता है। अभी कुछ लिख रहा हूँ, पता भी है एक घंटा सोचता हूँ तो एक पैराग्राफ लिख पाता हूँ।" उसने तीक्ष्ण स्वर में कहा।

"तो उसमें भी हमारी गलती है क्या?" पत्नी ने रसोई में ही हँसते हुए कहा तो उसकी बेटी को भी हँसी आ गयी।

हँसी सुनते ही वह बिदक गया, और चिल्ला कर बोला, "तुम लोग शांति से लिखने भी नहीं देते।"

उसने अपनी बेटी को कमरे से बाहर निकाला और दरवाज़ा अंदर से बंद कर दिया। अब उसने कलम उठाई, कुछ क्षण कागज़ पर लिखे हुए को पढ़ा और फिर लिखा,

"शराब का नशा! व्यक्ति को परिवार से दूर तो कर ही देता है, साथ ही यह विनाश का मूल कई बार शारीरिक और मानसिक नासूर भी पैदा कर देता है..."

"शराब का नशा! व्यक्ति को परिवार से दूर तो कर ही देता है, साथ ही यह विनाश का मूल कई बार शारीरिक और मानसिक नासूर भी पैदा कर देता है..."

8

गंगा का धर्म

वाराणसी के एक विद्यालय के बाहर बैठ कर वो फटेहाल मुसलमान दम्पति रोज़ की तरह ही हर आने-जाने वाले बच्चे से पानी मांग रहे थे। एक बच्ची दौड़ कर आई और उनकी बोतल में पानी डालने लगी। आज उसका पिता भी पीछे-पीछे आया, और उसने पूछा, "आप लोग रोज़ बच्चों से बोतल क्यों भरवाते हैं? प्याऊ भी तो है सामने।"

"अपने लिये नहीं भरवाते..." बूढ़े आदमी ने शांत स्वर में कहा।

"फिर किसके लिये ले जाते हैं?"

"सुना है पापों को खत्म करते-करते गंगा मैली हो गयी है, इन मासूम बच्चों का यह पाक पानी उसमें डाल देते हैं, उसकी ताकत बढ़ जायेगी।"

वो व्यक्ति हैरान रह गया, फिर उसने आँखें बंद कर स्वयं के सिर पर हाथ रखकर जोड़े और अशांत होकर पूछा, "उफ़, माँ गंगा में मुस्लिम पानी! ....लेकिन मुसलमानों का गंगा से क्या संबंध?"

यह सुनते ही उन दम्पति के चेहरे उतर गये, और आँखों में एक बड़ा प्रश्न आ गया, प्रश्न यह था कि जिस प्रश्न का उत्तर वो जानते हैं, पूछने वाला क्यों नहीं जानता?

9

महत्वाकांक्षी सन्यासी

खेल जीवन से सन्यास लेने के कुछ महीनों बाद आज ही शांत मन से घर में दाखिल हो पाया था, उसकी पत्नी ताड़ गयी, और पूछा, "आज बहुत खुश नज़र आ रहे हो?"

"हाँ, आज रोहन मिला था..."

"अच्छा! उसे तो लोग आपकी जगह पर मानते हैं"

"हूँ.... पूछ रहा था कि मैंने इतने रुपये कैसे कमाये?"

"तो आपने क्या राज़ बताया?"

"बताया विज्ञापनों में काम करके ही रुपये कमाये जा सकते हैं, वरना खेलों से कहाँ मिलते हैं।"

"इससे तो वो अपने खेल से दूर हो जायेगा।"

"और मेरे रिकॉर्ड से भी......" अपने तमगे देखते हुए उसकी आँखें उनकी रोशनी से चुंधियां रहीं थी।

10

छुआछूत

'अ' पहली बार अपने दोस्त 'ब' के घर गया, वहां देखकर उसने कहा, "तुम्हारा घर कितना शानदार है - साफ और चमकदार"

"सरकार ने दिया है, पुरखों ने जितना अस्पृश्यता को सहा है, उसके मुकाबले में आरक्षण से मिली नौकरी कुछ भी नहीं है, आओ चाय पीते हैं"

चाय आयी, लेकिन लाने वाले को देखते ही 'ब' खड़ा हो गया, और दूर से चिल्लाया, "चाय वहीं रखो...और चले जाओ...."

'अ' ने पूछा, "क्या हो गया?"

"अरे! यही घर का शौचालय साफ़ करता है और यही चाय ला रहा था!"

11

वही पुरानी तकनीक

पास आते ढोल-नगाड़ों की तेज़ आवाज़ मेरे कानों को खटखटाने लगी। उससे मेरे सिर में दर्द होने लगा। मुश्किल से आंखें खोल कर जैसे-तैसे मैं अपने दड़बे जैसे मकान से बाहर आया। बाहर की हवा में सांस लेते ही आस-पास से आ रही बदबू से ऐसी उबकाई आई कि लगा जो कुछ पेट में है वो सब अभी के अभी ही उलट दूंगा लेकिन पेट में कुछ हो तो! खाली पेट में अंतड़ियां और भी दर्द करने लगीं।

तब तक शोर मेरे पास पहुंच चुका था, बड़ी भीड़ थी। गाड़ियों का हुजूम भी। उस काफिले में सड़क पर चल रहे लोगों के मुंह से उसी बदबू के भभके फिर मेरे नथुनों से आ टकराये और अब तो ऐसा प्रतीत हुआ कि मैं गिर ही जाऊंगा।

इतने में एक बड़ी गाड़ी के अंदर से पुराने तरीके के लेकिन साफ-सुथरे कपड़े पहने हुए एक चमचमाते चेहरे वाला आदमी बाहर निकला।

मुझे देखते ही वह लपक कर मेरे पास पहुंचा, उसके कपड़ों से आ रही महक से मेरा मन थोड़ा संयत हुआ। वह आदमी मुझे हाथ जोड़ते हुए बोला, "नमस्कार। पूरी दुनिया तरक्की कर गयी है। हमने भी हमारे देश के पूर्ण विकास के लिये इंटरनेट की नई कार्य-पद्धतियों का उपयोग करने की सोची है। हमें ही वोट देना। हम ऐसी ही नई तकनीको और नई तरकीबों से देश को आगे बढ़ाएंगे।"

मेरे लटकते हुए हाथ भी जुड़ते लेकिन बीच में मेरा पेट आ गया, मैनें पेट थामते हुए उससे पूछा, "लेकिन मेरी भूख? बहुत दिनों से भूखा हूँ।"

और यह सुनते ही उसका चमचमाता चेहरा धुंधलाने लगा और कुछ ही क्षणों में गायब हो गया। धीरे-धीरे पूरा शरीर ही गायब हो गया... बची तो सिर्फ उसकी पीठ, वो भी उस हुजूम में घुलती जा रही थी।

12

बचपन

"सुनो, अंशुमान आज भैया के यहाँ चला गया था। वहां से कुछ खा कर भी आया।" रमन के आते ही उसकी पत्नी रोशनी ने बताया।

"वह क्या पगला गया है, क्यों गया वह? अंशुमान, इधर आओ, आपको मना किया हुआ है न साथ वाले घर में जाने के लिये।"

"डैडी, लेकिन वो कह रहे थे... कि वो मेरे बड़े डैडी हैं, इसलिये गया।"

"यह बच्चा तो कुछ समझता ही नहीं है, तुम क्या ध्यान देती हो? कुछ उल्टा-पुल्टा खिला दिया तो?"

"डैडी, वो ये भी कह रहे थे कि जब आप मेरे जितने थे और आप बीमार हुए थे तो उन्होंने भी आपके लिये खाना छोड़ दिया था, क्योंकि तब मेरे और जेनी जैसे, आपके और उनके डैडी भी एक ही थे।"

13

मैं फ्रॉड नहीं करता

उसके हेडफोन में फोन आने की एक मधुर घंटी बजने लगी, रात्रि के दो बजे भी उसने बहुत फुर्ती से अपने डेस्कटॉप के मॉनिटर की तरफ आँखें घुमाई और माउस के जरिये फोन उठाने वाले विकल्प को क्लिक कर कहा "हैलो"। सामने की तरफ से एक विदेशी स्वर आया "हैलो! फ्रेंड केन यू हेल्प मी?"

उसने उत्तर दिया, "येस! श्योर! हाउ केन आई हेल्प?" भारतीय होते हुए भी उसका उच्चारण बिलकुल उसी तरह था, जिस तरह फोन पर बात कर रहे विदेशी का था। सुनकर पास बैठा मित्र चौंक उठा, जिसे भांप कर उसने मित्र को इशारे से चुप रहने के लिए कहा।

सामने विदेशी व्यक्ति ने उससे इंटरनेट पर एक ऑनलाइन फॉर्म भरवाया, जिसमें उस विदेशी की स्वयं की जानकारी थी। भरने के बाद उस विदेशी ने उसे धन्यवाद देते हुए फोन बंद कर दिया। अब मित्र ने अपनी जिज्ञासा जाहिर की, "तू विदेशी स्टाइल में क्यों बोल रहा था? मैंने हंसी कैसे कंट्रोल की, मैं ही जानता हूँ।"

उसने संजीदगी से उत्तर दिया, "अगर मैं अपना एक्सेंट रखता तो वह पहचान जाता ना कि मैं इंडियन हूँ।"

"तो!" अब मित्र के स्वर में आश्चर्य था।

"तो! अरे भाई! वे लोग सिर्फ अपने लोगों से ही ऐसे ऑनलाइन फॉर्म भरवाते है। देखा ना फॉर्म में क्रेडिट कार्ड तक की डिटेल थी। अगर उसे पता चल जाता कि कोई इंडियन है तो बिना कुछ कहे सीधे फोन काट देते। वे जो फोन डायल करते हैं वो नंबर भी उनके देश का ही है। ये तो इंटरनेट का कमाल है जो उनके फोन को हमारे कम्प्यूटर पर फॉरवर्ड कर देता है।"

"लेकिन इंडियन है तो फोन काट देंगे! ऐसा क्यों?"

"क्योंकि वे सोचते हैं कि इंडियन फ्रेंड नहीं फ्रॉड होते हैं, इसलिए वे अपनी इन्फॉर्मेशन शेयर नहीं करते, लेकिन तुम ही बताओ सारी इन्फॉर्मेशन है मेरे पास, कौनसा फ्रॉड कर रहा हूँ?"

मित्र कम्प्युटर के मॉनिटर पर सबसे ऊपर बाएँ कोने में भारत के झंडे को चुपचाप देख रहा ।

14

बुनियादी कमाई

जवानी में बिछड़े दो दोस्त बुढ़ापे में एक खेल के मैदान में मिले। गले मिलते हुए सीढ़ियों पर फिसल गये।

वहीं बैठे-बैठे एक ने पूछा, "तूने कितना धन कमाया है?"

"ज्यादा नहीं बस गुजारा हो जाता है।"

"इसका मतलब जिंदगी ईमानदारी में गुजार दी। कमाने के लिये कहीं न कहीं बेईमानी की बुनियाद रखनी भी ज़रूरी होती है" पहला हँसते हुए बोला।

दोनों खड़े हुए लेकिन गिरने के कारण लंगड़ाये, यह देख पहले के सचिव ने उसे एक सोने की छड़ी थमा दी और दूसरे का बेटा उसको अपने कंधे का सहारा दे कर ले चला।

15

कमज़ोर बुनियाद

"रामदीन, न्यायालय के फैसले के अनुसार घर का बंटवारा कर दिया है। अब इसके तीन हिस्से हैं, दो तुम्हारे बेटों के और एक तुम्हारा।"

"जी..." वो इतना ही कह पाया था कि अचानक छोटा बेटा आकर बोला,

"पिताजी आप तो बीच में हो, लेकिन हमें घर को सही करवाना होगा। इसकी दीवारें तक चरमरा रही हैं, दादाजी ने पता नहीं सही नींव भी डाली थी या नहीं?"

"सच कहा बेटा, तुम्हारे दादाजी ने भी बुनियाद कमज़ोर रखी और मैनें भी।"

16

शब्द गले में

फेसबुक जैसा सोशल मीडिया बहुत मुश्किल से बनता है। उसे बनाने वाला उसका मालिक नहीं है। उसे बनाने वाले वो लोग हैं जो लगातार पोस्ट-कमेंट आदि करते रहते हैं। जैसे मकान और घर में फर्क होता है वैसे फेसबुक के मालिक और उसे प्रयोग करने वाले हैं। ऐसे ही एक व्यक्ति, जिसने लगातार पोस्ट-कमेंट आदि कर फेसबुक को बनाया था, अपने अन्य मित्र, जो भी उसके साथ ही फेसबुक रचियता था, को फेसबुक पर ही संदेश भेजा, "सुना है, एक लड़की ने अपने पिता की आज्ञा के बिना दूसरे धर्म में शादी कर ली।"

उस मित्र ने उत्तर दिया, "अरे! कल ही तो उस पर कितनी पोस्ट की हैं। वही है ना जो देश की बड़ी सभाओं में बिंदी और सिंदूर लगा कर आई थी। इसे कहते हैं बहादुरी!"

"नहीं-नहीं", पहले मित्र ने आगे लिखा, "ये तो अपने धर्म की है।"

"क्या..." आगे के शब्द कहीं छिपे रह गए।

और खामोशी छा गयी, ऐसा हो गया जैसे कुछ शब्दों से कई बार स्वर मर जाता है, खुदका भी और सुनने वाले का भी।

17

पहचान

उस चित्रकार की प्रदर्शनी में यूं तो कई चित्र थे लेकिन एक अनोखा चित्र सभी के आकर्षण का केंद्र था। बिना किसी शीर्षक के उस चित्र में एक बड़ा सा सोने का हीरों जड़ित सुंदर दरवाज़ा था जिसके अंदर एक रत्नों का सिंहासन था जिस पर मखमल की गद्दी बिछी थी।उस सिंहासन पर एक बड़ी सुंदर महिला बैठी थी, जिसके वस्त्र और आभूषण किसी रानी से कम नहीं थे। दो दासियाँ उसे हवा कर रही थीं और उसके पीछे बहुत से व्यक्ति खड़े थे जो शायद उसके समर्थन में हाथ ऊपर किये हुए थे।

सिंहासन के नीचे एक दूसरी बड़ी सुंदर महिला बेड़ियों में जकड़ी दिखाई दे रही थी जिसके वस्त्र मैले-कुचैले थे और वो सर झुका कर बैठी थी। उसके पीछे चार व्यक्ति हाथ जोड़े खड़े थे और कुछ अन्य व्यक्ति आश्चर्य से उस महिला को देख कर इशारे से पूछ रहे थे "यह कौन है?"

उस चित्र को देखने आई दर्शकों की भीड़ में से आज किसी ने चित्रकार से पूछ ही लिया, "इस चित्र में क्या दर्शाया गया है?"

चित्रकार ने मैले वस्त्रों वाली महिला की तरफ इशारा कर के उत्तर दिया, "यह महिला जो अपनी पहचान खो रही है..... वो हमारी मातृभाषा है...."

अगली पंक्ति कहने से पहले वह कुछ क्षण चुप हो गया, उसे पता था अब प्रदर्शनी कक्ष लगभग खाली हो जायेगा।

18

नाकारा

"इसका बड़ा भाई कितना बड़ा तैराक है। काश! इसके पैर भी ठीक होते तो... यह भी"

प्रतिदिन की तरह वो अपने छोटे बेटे को डांट रहा था कि एक मछुआरा भागता हुआ आया और कहा, "तेज़ हवा से तुम्हारे बेटे की नाव बीच समुद्र में पलट गयी और वो अकेला फंस गया है।"

सुनते ही वो दौड़ कर समुद्र तट पर पहुंचा, वहां देखा कि छोटा बेटा पता नहीं कैसे पहले ही पहुंचकर नाव खेकर जा रहा है। वो चिल्लाया "बहुत तेज़ हवा चल रही है....तूफ़ान आ सकता है..." लेकिन वह उन्हें अनसुना कर दूर निकल गया।

तेज़ हवा धीरे-धीरे तूफ़ान में बदल रही थी। उन्हीं हवाओं के बीच वो सिर पर हाथ रखकर वहीं बैठ गया, दोनों बेटों को खोने के दुःख में बाकी सभी मछुआरे मित्र भी शामिल हो गए।

एक घंटे बाद दूर से वही नाव लौटती दिखी, उसने ध्यान से देखा कि दोनों बेटे उस नाव में खड़े थे। उसके साथ खड़े मछुआरे ने खुश होकर पूछा, "छोटे को भी तैरना आता है क्या?"

"तैरना नहीं आता लेकिन यह नाकारा आज इंग्लिश चैनल पार कर आया।" उसने आँसूं पोंछते हुए कहा।

19

काले धन का मसीहा

दवाई की दुकान पर एक दर्द निवारक गोली खरीदते हुए रोहन बड़े फक्र से कह रहा था, "सुना शेखर, देश के प्रधानमंत्री किस बढ़िया तरीके से काला धन बाहर निकलवा रहे हैं। वो तो मसीहा हैं, इन सब ब्लैकमनी वालों को तो जेल में बंद कर देना चाहिए और सारा का सारा रुपया गरीबों में बाँट देना चाहिए।"

"बिलकुल सही, उन्होंने यह आव्हान भी किया है कि कुछ भी खरीदो उसका बिल ज़रूर लो, नहीं तो ये दुकानदार ब्लैक मनी कमा लेते हैं।" शेखर ने प्रत्युत्तर दिया।

"हाँ सही कहा, तो भैया जी आप भी बिल दे दो।", रोहन बड़ी सर्जींदगी से दुकानदार से मुखातिब हुआ।

दुकानदार ने अगले ही क्षण कहा, "बिलकुल सर, लेकिन टैक्स अलग से लगेगा वो आपको देना होगा।"

"अरे नहीं! तो फिर रहने दो, फालतू पैसा नहीं है मेरे पास।" उस वक्त रोहन के दोनों हाथ उसकी पेंट की जेब में थे।

20

तर्क-कुतर्क

चार शाकाहारियों से एक माँसाहारी ने पूछा, "आपको माँसाहार पसंद क्यूँ नहीं है?"

पहले ने कहा, "मेरे धर्म में मांस नहीं खाते।" माँसाहारी उसके हाथ में दही और पानी की बोतल देखकर चौंक उठा।

दूसरे ने कहा, "मेरे गुरूजी ने मना किया है।" माँसाहारी कई गुरुओं को याद कर उसे अविश्वसनीय नज़रों से देखने लगा।

तीसरे ने कहा, "हमारे पूर्वजों की तरह हम भी जीव हत्या को पाप मानते हैं।" माँसाहारी पूर्वजों और अवतारों' को याद कर हाथ जोड़ते हुए मुस्कुरा दिया।

चौथे ने कहा, "मेरी मर्ज़ी... जो मुझे पंसद नहीं आता मैं नहीं खाता।"

माँसाहारी का चेहरा खिल उठा और वह उस शाकाहारी का हाथ पकड़ कर चल दिया।

www.ingramcontent.com/pod-product-compliance
Lightning Source LLC
Chambersburg PA
CBHW072142150726
48002CB00004B/1596